AF440199

NOTICE BIOGRAPHIQUE

SUR

M. Louis-Antoine MAITRE.

SE VEND,

à Brignoles, chez l'Auteur.

NOTICE BIOGRAPHIQUE

SUR

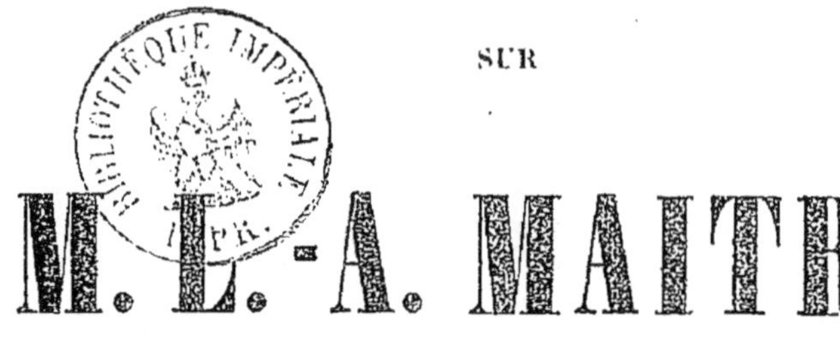

M. L.-A. MAITRE,

Inspecteur des Écoles primaires du département du Var,

Directeur de l'École Normale de Montpellier,

Officier d'Académie et de l'Université,

Chevalier de la Légion d'Honneur,

Par EMILE NOZERAN,

Élève de l'École Normale de Montpellier, Directeur du Pensionnat Saint-Louis,

A BRIGNOLES.

BRIGNOLES,

Imprimerie de A. Vian, Successeur de Perreymond-Dufort.

1863.

A Monsieur LIEUTAUD,

MAIRE DE BRIGNOLES, OFFICIER DE LA LÉGION D'HONNEUR,

MEMBRE DU CONSEIL GÉNÉRAL.

MONSIEUR LE MAIRE,

L'AMITIÉ qui vous liait au vénérable M. MAITRE, cette amitié qui avait pris naissance sur les bancs de l'école et qu'une longue séparation n'avait pu affaiblir, et l'intérêt que vous portez à notre Établissement qui est son œuvre, me font espérer que vous accepterez, comme hommage de mon respectueux dévouement et de ma vive reconnaissance, la biographie de cet homme de bien.

Nés dans la même cité, vous avez tous les deux bien mérité de la patrie, vous, en la défendant sur les champs de bataille, lui, en instruisant ses enfants.

Puissiez-vous, plus heureux que M. Maitre, jouir longtemps des douceurs de la retraite, au milieu de cette population que vous administrez si sagement, et qui est heureuse de vous posséder.

Je suis avec un profond respect,

Monsieur le Maire,

Votre très-humble et très-dévoué serviteur,

E. NOZERAN.

LA ville de Brignoles vient de perdre un de ces hommes rares que son intelligence élevée et ses méthodes ingénieuses placent, parmi les amis de l'enfance, à côté des Pestalozzi et des Grégoire Girard. Aussi recommandable par les précieuses qualités du cœur que par celles de l'esprit, M. MAITRE avait su se concilier l'estime générale et la tendre affection de ses élèves et amis.

Le nombreux cortége qui accompagnait sa dépouille mortelle au champ du repos, et la tristesse profonde qui était empreinte sur tous les visages, nous ont donné la mesure des regrets qu'il emporte; aussi croyons-nous répondre au désir de tous ceux qui l'ont connu, en retraçant ici quelques traits de cette existence si utile et si bien remplie.

M. Maitre (Louis-Antoine), naquit à Brignoles (Var),

le 18 vendémiaire an III (9 octobre 1794), d'une honorable famille d'artisans. Il fut placé de bonne heure dans une pension de la ville où il ne tarda pas à donner des marques de son intelligence et de son goût pour l'étude. Ses progrès furent rapides ; et, à un âge encore tendre, il était compté au nombre des meilleurs élèves. A cette époque eut lieu la création du Lycée de Marseille. Des inspecteurs généraux furent envoyés par l'autorité supérieure dans les départements limitrophes pour recruter des boursiers au nouvel établissement.

La pension de M. Turc, à Brignoles, fut visitée ; plusieurs élèves y furent distingués, entr'autres le jeune Louis Maitre. Toutefois, malgré son instruction et l'intelligence dont il avait fait preuve, il ne put, à cause de son âge, être admis au Lycée. Le choix des inspecteurs de l'Université tomba sur un autre enfant de Brignoles, qui lui aussi a noblement répondu à la distinction dont il fut l'objet, M. Lieutaud, l'honorable magistrat qui, après avoir parcouru avec une grande distinction la carrière des armes, a mis son intelligence et son dévoûment au service de ses compatriotes, et se trouve aujourd'hui à la fois chef de notre administration municipale, et membre du Conseil général du Var.

Le jeune Maitre continua à travailler avec ardeur ; il se fit toujours remarquer par sa piété, par l'aménité de son caractère et la régularité de sa conduite ; aussi était-il cité comme un modèle parmi ses condisciples.

En 1806, il fut placé dans une pension de Marseille

pour y continuer ses classes de latinité. L'un de ses amis d'enfance, élève dans la même pension, nous disait dernièrement : « M. Maitre fut toujours d'une grande douceur de caractère ; sa physionomie expressive m'avait tellement frappé, que si j'étais peintre je pourrais reproduire exactement ses traits à l'âge de 14 ans. »

Pendant ses classes M. Maitre se fit surtout remarquer par une grande aptitude pour les mathématiques. Il n'y avait pas de problème d'arithmétique, de géométrie ou d'algèbre dont il ne trouvât promptement la solution. Il avait aussi du goût pour les lettres et la poésie. Il avait composé pendant ses moments de loisir, et comme simple amusement, un poème héroï-comique, en plusieurs chants, où se montraient la grâce et les finesses de son esprit. Plusieurs autres pièces étaient sorties de sa plume facile. En 1809, M. Maitre avait terminé ses classes ; cependant il voulut prolonger d'un an son séjour à la pension pour s'occuper exclusivement de mathématiques.

L'année suivante il entra comme calculateur et dessinateur dans les bureaux de M. Delavaux, directeur du cadastre des Bouches-du-Rhône.

Nous arrivons à cette époque de 1815 si funeste pour la France. Napoléon de retour de la campagne de Russie fait une nouvelle levée d'hommes pour voler en Allemagne gagner de nouvelles batailles. M. Maitre a atteint sa 18e année, il doit lui aussi payer sa dette à la patrie, mais pour entrer dans un corps de son choix il prévient la conscription, et s'enrôle, le 19 février 1815, dans le 118e régiment de Ligne, alors en garnison à Tulle. A peine est-il arrivé au régiment qu'il est employé à la comptabilité.

L'Intendant ayant remarqué l'aptitude du jeune militaire en fait son premier employé. M. Maitre justifia bientôt la confiance de son chef, en apportant dans le service qui venait de lui être confié, cette conception facile qui lui permettait de saisir les questions les plus ardues, cette promptitude de coup d'œil et cette assiduité au travail qui lui méritèrent plus d'une fois les éloges de ses supérieurs. Il fut nommé caporal le 23 juin de la même année et sergent trois jours après.

Ses connaissances en mathématiques auraient infailliblement valu à M. Maitre un brillant avenir dans la carrière des armes, mais il ne tarda pas à le sacrifier à son goût pour l'Enseignement. La restauration lui ayant permis d'abandonner l'état militaire, il quitta son régiment le 24 mai 1814, et se rendit à Marseille où M. Turc, son ancien maître de pension, lui confia la classe de 4ᵉ dans son pensionnat.

Le 1ᵉʳ mai 1815, M. Maitre rentrait dans son pays natal pour y ouvrir une école qui fut bientôt fréquentée par les enfants des meilleures familles. Il venait de renoncer à l'enseignement du latin, pour se vouer à cette instruction primaire à laquelle il devait faire faire un grand pas par les ouvrages élémentaires qu'il composa dans la suite.

Le nouvel instituteur apporta tous ses soins à développer l'intelligence et à former le cœur des jeunes enfants qui lui étaient confiés. C'est dans son école qu'il créa et mit en pratique ces méthodes qui devaient bientôt faire sensation dans l'Université. Mais trop de zèle et de dévouement usèrent ses forces ; une maladie d'épuisement l'obligea d'abandonner la direction de son école à l'un de ses frères. Il acheta la charge de greffier de la justice de paix qu'il conserva jusqu'en 1855.

En 1826, Mme la baronne de Fabry lui confia l'éducation de ses deux plus jeunes enfants. M. Maitre se rendit à Aix et resta dans cette honorable famille, en qualité de précepteur, jusqu'en 1828. Les MM. de Fabry ont gardé de M. Maitre les plus affectueux souvenirs, et ont tenu à ce qu'il conservât jusqu'à sa mort, la gestion de leurs biens.

Il fallait une circonstance pour révéler à M. Maitre ses talents d'auteur ; elle ne tarda pas à se présenter.

En janvier 1829, il fut témoin d'une expérience faite à Brignoles, sur une nouvelle méthode de lecture. M. Maitre avait lui aussi une méthode dont il s'était servi avec succès, dans sa classe, de 1815 à 1822. L'expérience à laquelle il venait d'assister lui fit reconnaître qu'il pourrait obtenir de la sienne des résultats plus prompts et plus certains. Il en fit un premier essai sur quatre enfants de l'hospice qui lui furent désignés par le Comité de l'instruction primaire de l'arrondissement. Ces quatre enfants ne connaissant pas les premiers éléments de l'alphabet, surent lire après dix-huit heures de leçons.

M. Cottard, recteur de l'Académie d'Aix, informé du

résultat obtenu par M. Maitre , l'invita à se rendre auprès de lui et à renouveler l'expérience sous ses yeux ; à cet effet il lui désigna son propre domestique , âgé de dix-sept ans , auquel furent adjoints deux autres adultes. M. Maitre se mit à l'œuvre, et après 12 heures de leçon , scrupuleusement constatées et données dans la maison de M. le Recteur , ils furent présentés à la Société académique d'Aix , et lurent correctement toutes les phrases qui leur furent soumises. Le procès-verbal, imprimé, de la séance du 14 mars 1829, exprime la vive satisfaction de cette savante Société.

Le compte-rendu de cette expérience fut adressé, par M. le Recteur, à M. de Vatimesnil, grand-maître de l'Université. Son Excellence invita M. Maitre à se rendre à Paris. Sa méthode y fut soumise à deux nouvelles épreuves qui n'eurent pas moins de succès. La première, sur trois militaires du 26me de Ligne, qui lurent après 14 heures de leçon ; et la seconde , sur un certain nombre de jeunes enfants, de 4 à 7 ans, dont l'ignorance avait été constatée par M. Duchayla , inspecteur général de l'Université, et M. Burnouf, inspecteur de l'Académie de Paris. Les exercices de cette expérience durèrent 2 mois , ou 40 jours de classe. Les enfants formèrent cinq divisions et reçurent 24 heures de leçon. Une commission , nommée à cet effet, et composée d'hommes éminents, examina ces enfants et les présenta à Son Excellence, le Grand-Maître , qui en fit lire trois, pris dans les diverses classes. Le premier, âgé de sept ans, lut à livre ouvert, couramment , et faisant entre les mots les liaisons convenables. Les deux autres

lurent aussi à livre ouvert, mais un peu moins vite ; l'un
d'eux était à peine âgé de quatre ans.

Le Grand-Maitre fut si satisfait des résultats de l'application d'une méthode dont la théorie lui avait déjà paru
aussi ingénieuse que simple, que, sans attendre le rapport
de la commission, il mit M. Maitre en communication
avec M. Sifray, censeur du collége royal de Poitiers,
alors en congé à Paris, afin que, après avoir pris lui-
même connaissance de la méthode, il pût aller la propa-
ger dans les diverses écoles normales primaires du royaume.

Une troisième expérience, qui fit donner à la méthode
la qualification d'*excellente*, fut faite à l'invitation de M.
Rendu, membre du Conseil royal de l'Université, sur un
vieillard de soixante ans, d'origine allemande, et ne s'ex-
primant que difficilement en français. Le résultat de cette
expérience ne surprit pas médiocrement les personnes qui
connaissaient le peu d'intelligence de l'individu.

Je citerai ici un passage du rapport de la Commission
chargée d'examiner la méthode de M. Maitre.

« Les applications de la méthode de lecture de M. Maitre, que
« la Commission a suivies et surveillées, et dont elle a recueilli les
« résultats, nous ont déjà donné la conviction de son utilité dans
« l'enseignement. Ce sentiment s'est accru par l'examen appro-
« fondi de la méthode en elle-même, laquelle, par la simplicité et
« l'uniformité de ses procédés, par la possibilité qu'il paraît y
« avoir d'en appliquer le principe à la lecture dans plusieurs au-
« tres langues, est, à notre avis, préférable à toutes les autres
« méthodes dont la connaissance nous est parvenue.

« Nous ajouterons que nous n'avons pas considéré seulement dans
« M. Maitre l'auteur d'un excellent ouvrage; mais nous avouerons,
« qu'au milieu d'une multitude de spéculations de fortune, établies
« sur le service de l'instruction primaire , nous avons éprouvé quel-
« que satisfaction à voir un homme, qui a fourni honorablement la
« carrière d'instituteur , offrir avec candeur les fruits de son expé-
« rience, et en faire l'abandon désintéressé à l'utilité publique.

« En conséquence , nous proposons de joindre à l'avis de la
« Commission, adressé à Son Excellence en faveur de l'adoption de
« la méthode de M. Maitre dans l'enseignement public, l'expression
« du désir qu'une récompense honorable soit décernée à l'auteur ».

Les résultats que M. Maitre avait obtenus à Paris eurent
le plus grand retentissement; les membres les plus éminents de l'Académie et de l'Université honorèrent la nouvelle méthode de leurs suffrages. Outre les sommes allouées
à l'auteur, à titre d'indemnité , M. le Ministre fit l'acquisi-
tion de mille exemplaires pour être repartis dans les diffé-
rentes Académies du royaume.

M. le Recteur de l'Académie d'Aix , dans sa circulaire
du 15 juin 1850 , fait le plus grand éloge de la méthode
de M. Maitre et en recommande l'emploi dans toutes les
écoles du ressort de l'Académie.

En mai 1851 , M. le Préfet du Var invita M. Maitre à
venir expérimenter sa méthode de lecture à Draguignan.
Après huit jours d'exercices, du 5 au 11 mai , des élèves
qui lui avaient été confiés purent lire correctement et à
livre ouvert. Un enfant de 10 ans arriva à ce résultat dans
six jours seulement. Le Conseil général du Var , témoin de
cette expérience , décida que M. Maitre ferait une tournée

dans le département, pour expliquer la méthode aux instituteurs réunis par cantons.

Pareille décision fut prise, en janvier 1855, par le
Conseil général des Bouches-du-Rhône.

L'Écho de la jeune France, dans son numéro du 1er
juin 1855, appelle l'attention de ses lecteurs sur les travaux de M. Maître. « Après avoir appliqué pendant vingt
« ans, dit-il, les ressources d'un esprit pénétrant aux plus
« petits détails de l'Enseignement élémentaire, M. Maître
« a publié sa méthode de lecture simplifiée, véritable créa-
« tion de talent, dont la simplicité et la fécondité étonnè-
« rent les membres de la commission chargée de l'exa-
« miner ».

Le *Moniteur* du 10 juillet 1855, fait mention des résultats obtenus par la méthode de lecture de M. Maître, dans
l'école régimentaire du 62e de Ligne où elle avait été in-
troduite. M. Maître en ayant été informé, se rendit à Marseille, et demanda à instruire lui-même douze soldats
illétrés. Huit jours lui suffirent pour les faire lire.

M. le Lieutenant-Général commandant la Division, ayant
eu connaissance de ces faits, voulut s'assurer par lui-même
du degré de confiance qu'ils pouvaient mériter. Les soldats
lui furent présentés, et il put se convaincre qu'ils lisaient
correctement.

M. le Lieutenant-Général pria M. Maître de faire l'exposé de sa méthode dans ses principes et dans leur application. Il y procéda avec une telle simplicité de langage,

une si élégante facilité d'expressions, et un esprit d'analyse si parfait, que des traits de lumière jaillissaient de sa baguette de démonstrateur, et que l'aridité de son sujet disparut sous l'intérêt qu'il sut y répandre.

Les suffrages éclairés de M. le Lieutenant-Général et des personnes qui composaient le petit comité réuni dans son cabinet, lui furent unanimement acquis. Mais il n'appartenait qu'à une femme de résumer la pensée du moment. Madame la comtesse de Damrémont, qui n'était pas le juge le moins compétent de ce comité, termina la séance en disant : « Monsieur Maitre, vous me faites regretter de « savoir lire. »

N'est-ce pas le plus bel éloge qu'on puisse faire de la méthode de M. Maitre ? Tant de beaux résultats et de si honorables suffrages prouvent l'excellence d'une méthode, qui avait fait dire à l'un des membres de la commission chargée de l'examiner, M. Jomard : « Monsieur Maitre, « vous avez saisi la nature. »

En 1830, M. Maitre avait été nommé membre de la Commission d'examen de l'arrondissement de Brignoles, administrateur de l'hospice, et en 1833, membre du Comité supérieur du même arrondissement ; mais là ne se bornèrent pas les témoignages de confiance et d'estime de l'autorité supérieure. M. Des Michels, recteur de l'Académie d'Aix, toujours disposé à favoriser de sa haute influence tout ce qui pouvait hâter le développement de l'instruction primaire, connaissait depuis longtemps M.

Maitre et son aptitude pour l'enseignement. Il voyait en lui un de ces hommes dont la rare intelligence pouvait rendre de grands services à l'éducation du peuple ; il le fit nommer inspecteur des écoles du Var, le 11 mars 1855. Pendant trois ans que M. Maitre exerça ces fonctions, il sut donner une nouvelle impulsion à l'enseignement. Toujours plein de cette bonté qui a été le caractère dominant de sa vie, il était le père des instituteurs, distribuant à tous les précieux conseils de sa sagesse et de son expérience. Inflexible pour les maîtres qui manquaient de zèle et de véritable vocation, il se faisait un devoir d'encourager et de signaler à l'autorité supérieure, ceux qui se distinguaient par la bonne direction de leur école et par une conduite irréprochable : aussi fut-il aimé de tous.

La même année 1855, M. Maitre fit paraître son *Traité d'Arithmétique, théorique et pratique*, l'un des meilleurs que nous ayons en ce genre, et où l'on remarque cette lucidité, cette netteté d'idées et d'expression qui caractérisait l'esprit de l'auteur.

Dans cet ouvrage, dont la sixième édition est entièrement épuisée, M. Maitre s'est efforcé de rendre les premières notions des mathématiques accessibles aux plus jeunes intelligences.

Ce traité d'Arithmétique est complet. Il comprend les quatre premières opérations sur *les nombres entiers, les fractions ordinaires et décimales, la divisibilité des nombres, les nombres complexes, les proportions, les règles de trois, de société, de fausse position, d'intérêt, des fonds publics et actions industrielles, d'escompte, d'alliage, l'extraction des racines, les progressions et les logarithmes;* le *système métrique* y est présenté sous un point de vue très-méthodique. Il comprend en outre des règles pour l'*évaluation des surfaces,* la *mesure des solides* et le *jaugeage.* De nombreux exemples pratiques rendent partout l'intelligence du texte facile.

M. Maitre était nommé officier d'Académie, et directeur de l'École normale de Brignoles en 1858.

Tout le monde applaudit à cette nomination qui plaçait à la tête d'un établissement si utile à tant de titres, un homme d'un mérite éprouvé, et depuis longtemps connu.

M. Maitre justifia la confiance que l'autorité supérieure avait mise en lui ; l'établissement se ressentit bientôt de sa direction intelligente et à la fois ferme et paternelle.

La même année M. Maitre publia un traité de géographie intitulé : *Abrégé de Géographie ancienne et moderne.* Cet ouvrage est précédé d'un petit traité de *sphère terrestre,* qui peut servir d'introduction à la cosmographie.

L'auteur a cherché à surcharger le moins possible la mémoire de l'enfant, il dit juste ce qu'il faut dire et rien au delà. Il intéresse l'élève par la description des mœurs, des coutumes, du climat et des productions de tous les pays, détails qui se gravent par leur intérêt même, dans la mémoire de l'enfant.

La *Géographie de la France* a reçu le développement

que justifie son importance. Des notions historiques claires
et succinctes sont placées en tête de la description compa-
rative des provinces et des départements qu'elles ont formés. Il en fait connaître les productions, l'industrie, les
chefs-lieux et les sous-préfectures, les lieux rendus célèbres
par des faits historiques et les hommes illustres.

La *Géographie* de M. Maitre va voir sa cinquième édition
épuisée, ce rapide écoulement prouve l'excellence de l'ouvrage.

Le 1er janvier 1840, M. Maitre fut mis en disponibilité
par suite de la réunion de l'École normale de Brignoles à
celle d'Aix. Il profita de ce repos pour composer un exposé
complet du *nouveau système des poids et mesures*, avec
ses applications à l'arpentage et au jaugeage, ainsi qu'un
*tableau de conversion des mesures anciennes du Var en
mesures métriques;* ces deux opuscules, alors pleins d'ac-
tualité, eurent un grand succès. Ses connaissances géodé-
siques le firent souvent rechercher comme arbitre et comme
expert : son esprit droit et conciliant en fit un auxiliaire
de la justice. Ses rapports étaient rédigés avec clarté, et
ses conclusions presque toujours acceptées comme l'expression du droit.

En 1842, M. Maitre fit paraître sa grammaire ou *Traité
d'Orthographe, théorique et pratique,* ouvrage fort remarquable, à l'usage des écoles primaires. C'est surtout dans
ce traité que M. Maitre montre cet esprit d'observation
qui lui permet de se rendre raison de tout, et de faire
disparaître les difficultés que l'enfant rencontre à chaque

pas dans l'étude de notre langue. Ses définitions sont logiques, claires et simples, et l'enfant saisit sans effort ce qui jusque-là avait été si abstrait pour lui. Les participes, qui présentent tant de difficultés, y sont réduits à quelques règles simples et mises à la portée de toutes les intelligences ; aussi nous ne craignons pas de dire que la grammaire de M. Maitre est l'une des meilleures qui existent pour l'enseignement de notre langue dans les écoles primaires.

Mais M. Maitre avait déjà rendu de trop grands services à l'enseignement pour que l'autorité supérieure le laissât longtemps en disponibilité : par décision ministérielle du 15 août 1842 et sur la proposition de Messieurs Rendu, membre du conseil royal, et Pascalis, député du Var, M. Maitre fut nommé directeur de l'École normale de Montpellier. Les succès qu'il avait obtenus dans l'enseignement et son dévoûment à l'instruction de la jeunesse avaient déterminé Son Excellence à le mettre à la tête d'un établissement important.

Le nouveau Directeur ne tarda pas à justifier la haute confiance de M. le Ministre. Il exerça bientôt une heureuse influence sur ses élèves, et en profita pour leur inspirer cet amour du bien et cette profonde piété dont il était lui-même pénétré. Il s'attacha surtout à former leur cœur à la pratique des vertus sans négliger la culture de leur esprit. Il savait trop bien que la science doit toujours reposer sur la morale, que l'instruction doit être le complément de la vertu.

Qui, de ses élèves, ne se rappelle avec bonheur ces instructions simples et naïves que chaque samedi soir il ajoutait à la lecture de l'évangile, et dans lesquelles il montrait une douceur et une conviction qui nous pénétraient tous ; et cette lecture de la vie des saints et des martyrs qui avait lieu tous les soirs à l'issue de la prière.

Le digne Directeur mit tous ses soins à inspirer la modestie à ses élèves, et à les défendre contre les séductions qui environnent la jeunesse. Il leur prêchait d'exemple par sa profonde piété, par sa charité, sa modestie, sa patience, sa douceur et ce détachement chrétien de toutes les choses étrangères au salut.

Sa sollicitude veillait à tout. Administrateur habile autant que professeur distingué, M. Maitre porta bientôt l'École normale de Montpellier à un haut degré de prospérité matérielle et de réputation morale. De nombreux instituteurs, formés par ses soins, répandent aujourd'hui dans les plus humbles villages de l'Hérault les bienfaits de l'instruction et des saines doctrines.

En 1847, M. Maitre publia une *Tenue des livres en parties doubles*, simplifiée, au moyen de laquelle toute personne, même étrangère au commerce, peut, seule et sans maître, apprendre à tenir les écritures commerciales.

Cet ouvrage a été approuvé par le conseil de l'Université, pour les Écoles primaires supérieures et l'enseignement spécial dans les Lycées et Colléges.

Cette nouvelle méthode de comptabilité commerciale a

de grands avantages sur l'ancienne : elle est plus simple dans son principe ; plus briève dans ses écritures ; plus claire dans son langage ; plus précise dans ses indications ; plus sûre dans ses résultats.

La *Tenue des livres* de M. Maitre était destinée à remplacer l'ancienne et à rendre un grand service aux négociants, si l'auteur avait pu réaliser l'idée qu'il avait depuis longtemps, d'exposer sa nouvelle méthode dans un cours public à Marseille.

Les nombreux amis de M. Maitre lui proposèrent la candidature à l'Assemblée nationale en 1848. A cette époque le trouble était dans les esprits ; les honnêtes gens cherchaient des hommes de cœur, dont le nom, symbole d'abnégation et d'énergie, fut consacré par l'estime publique ; mais M. Maitre déclina toute candidature ; simple et modeste, il s'effrayait de se trouver mêlé au courant politique. Il resta à la tête de son École et s'attacha avec plus de soin encore à inspirer à ses élèves des idées d'ordre et de travail. Ce but constant de ses efforts, M. Maitre l'a atteint avec l'aide de collaborateurs qu'il avait su animer du même esprit. Ses élèves ont compris leur mission et exercent leurs modestes et utiles fonctions avec une louable ardeur. Jeunes et sans expérience, alors que l'imagination se laisse si facilement entraîner, ils sont restés sourds aux doctrines subversives et ont traversé sans faillir des temps difficiles : le plus grand éloge du maître n'est-il pas dans la conduite si digne de ses élèves ?

Le gouvernement, juste rémunérateur du mérite et du

zèle de ses fonctionnaires, voulut donner un témoignage éclatant de sa haute estime à M. Maitre : par décret du 14 décembre 1850, il fut créé chevalier de la Légion d'Honneur. Ses amis de l'Hérault et du Var applaudirent à cette distinction si méritée, que chacun regarda comme un acte de justice.

Vers cette époque le Conseil général de l'Hérault, mu par le généreux désir de faire pénétrer les bienfaits de l'instruction primaire jusque dans les communes les moins importantes par leur population, doubla le nombre des bourses déjà fondées à l'Ecole normale ; mais dès lors le local où cette École était installée devenait insuffisant. M. Maitre se présente à une séance du conseil, et y reçoit l'accueil le plus sympathique. Il parle de la nécessité de transférer l'École dans un local plus convenable, loin du tumulte de la ville et de tout ce qui peut troubler le calme des études. Pour des jeunes gens destinés à la direction des écoles rurales, il faut, dit-il, la vie paisible des champs et le magnifique spectacle de la nature qui ouvrent l'âme aux goûts simples, aux jouissances pures, aux grandes et religieuses émotions. Il demande qu'à l'École soit réuni un terrain où les élèves puissent mettre en pratique les leçons théoriques qui leur sont données sur l'agriculture et l'horticulture, afin qu'en se rendant capables d'éclairer un jour les agriculteurs, ils conservent par leurs rapports avec eux les goûts d'une vie simple et laborieuse. Passant aux moyens d'exécuter ce projet, M. Maitre annonce au conseil que les finances du département ne seront pas grevées, car l'École possède une réserve de 50 mille francs, fruit des économies qu'il a réalisées pendant ses douze années d'administration.

Le Conseil général vota des remercîments à l'honorable Directeur qui venait d'acquérir de nouveaux titres à son estime. La construction d'un nouveau local fut décidée; le choix de l'emplacement et la direction des travaux furent entièrement laissés à M. Maitre, et grâce à son activité, à son énergie et à sa volonté ferme, le département de l'Hérault possède le magnifique établissement où se trouve aujourd'hui l'École normale.

M. Maitre jouit quelques années de son œuvre. Esprit infatigable, il se remit à l'étude et composa un tableau pour la conjugaison des verbes, ramenant, par un procédé très-simple, à une seule et unique conjugaison les verbes actifs, neutres et pronominaux, tant réguliers qu'irréguliers. Il voulait doter l'enseignement de nouveaux ouvrages que ses élèves lui demandaient avec insistance. Il s'occupait d'un *Traité de Géométrie, théorique et pratique*, comprenant des notions d'arpentage, de levée des plans, de toisé, de jaugeage, de nivellement, de perspective et de gnomonique; d'un autre ouvrage intitulé : *Solutions des principales difficultés de l'enseignement primaire;* d'une *sténographie syllabique* et d'un *nouveau boulier-compteur*, propre à faciliter aux enfants l'étude de notre système de numération.

Son intelligence s'occupait de tout; la théorie de la musique avait distrait ses loisirs; il avait composé à cet effet, un *Tableau transpositeur* indiquant, par un procédé aussi simple qu'ingénieux, tous les tons majeurs et mineurs et les armures de la clef; malheureusement ces différents ouvrages, qui auraient pu rendre de grands services à l'enseignement, sont restés inachevés.

M. Maitre avait commencé sa carrière universitaire en 1815; il avait donc, en 1859, quarante-cinq ans de services dans l'enseignement primaire; il était temps qu'il songeât au repos. Il lui en coûtait cependant de laisser cette jeunesse à laquelle l'attachaient tant de liens, et ce magnifique local qui était son œuvre; mais le travail intellectuel avait usé ses forces, des infirmités lui faisaient sentir le besoin du repos. Il pria M. le Ministre de l'admettre à faire valoir ses droits à la retraite.

Le Conseil général de l'Hérault informé de la détermination de M. Maitre, dans sa session du mois d'août 1859, exprima le désir de le voir rester à la tête de l'École normale malgré son âge avancé.

M. le Préfet de l'Hérault dans son rapport s'exprime ainsi :

« J'ai reçu de M. Maitre, l'honorable directeur de l'École nor-
« male d'instituteurs, la lettre que je mets sous vos yeux, par
« laquelle il vous fait part de la détermination qu'il a prise de de-
« mander sa mise à la retraite.

« M. Maitre a rendu de tels services par la bonne direction qu'il
« a su donner à l'École normale et par les importantes économies
« que son intelligente administration a su réaliser au profit du dé-
« partement, que vous partagerez, je n'en doute point, la peine
« que j'ai éprouvée en recevant cette communication.

« Malgré son âge avancé, M. Maitre peut encore rendre d'utiles
« services ; je fais donc des vœux pour qu'il reste à la tête de
« l'École normale.

« Cependant si sa résolution était irrévocable, je vous propo-
« serais de décider, en témoignage de votre satisfaction, qu'il
« serait inscrit à la 2e section du budget départemental une allo-
« cation suffisante pour que la pension de retraite de cet honorable
« fonctionnaire s'élève à 1,800 francs. »

M. Maitre reçut un extrait du rapport et de la déli-
bération du Conseil général. Il fut touché de cette haute
appréciation de ses services ; il se rendit au vœu exprimé
par cette assemblée, et pria M. le Ministre de regarder sa
demande comme non avenue. Mais une nouvelle année
d'épreuve lui fit sentir plus vivement encore le besoin et
la nécessité du repos : il renouvela sa demande.

En demandant sa mise à la retraite, M. Maitre avait dé-
signé à Son Excellence, comme la personne la plus propre
à continuer les traditions de l'École, un de ses collaborateurs aujourd'hui son successeur, qui, pendant 47 ans,
avait puissamment contribué à concilier à l'École l'estime
dont elle jouit dans l'opinion publique.

M. le Ministre, en admettant M. Maitre à faire valoir ses
droits à la retraite, voulut lui donner un témoignage parti-
culier de son estime ; il le nomma directeur honoraire de
l'École normale de Montpellier et officier de l'Université.

Il y avait certes dans ces nobles récompenses de quoi
satisfaire une âme généreuse. Cependant, malgré le légitime orgueil qu'il aurait dû en ressentir, le respectable

Directeur en fut peut-être moins touché que des témoignages de vive sympathie et de profond regret de ses élèves et de ses nombreux amis, à la nouvelle de son départ.

Ce fut le 25 janvier 1861 que M. Maitre quitta Montpellier, où il était resté 18 ans, pour se retirer dans sa chère Provence et dans cette ville de Brignoles qui avait été son berceau et qu'il affectionnait tant. Les élèves de l'École, non contents des adieux qu'ils lui avaient faits dans le silence des relations intérieures, avaient tenu à ne se séparer qu'au dernier moment de celui qu'ils chérissaient comme un père. Conduits par leurs professeurs et par leur nouveau directeur, ils l'accompagnèrent jusqu'au débarcadère où s'étaient rendus un grand nombre d'amis, ainsi que M. le Président de la commission de surveillance de l'École, qui avait voulu aussi donner à M. Maitre une dernière marque de son estime. Le moment de la séparation fut douloureux; tous ceux qui en furent témoins se sentirent vivement émus à la vue de ce vieillard inclinant sa tête blanchie sur ces jeunes hommes que l'émotion rendait muets et dont les yeux étaient remplis de larmes. Ces touchants adieux s'adressaient aussi à la noble sœur du digne Directeur; comme lui, elle a droit à l'éternelle reconnaissance et à l'affection de tous les élèves qui se sont succédé à l'École normale de Montpellier, car sa sollicitude pour eux a été celle d'une mère.

Cette séparation, toute pénible qu'elle fut, a été pour M. Maitre un des plus doux souvenirs de sa vie. Nous ne connaissons pas en effet de preuves plus éclatantes ni de récompense plus douce du bien qu'on a fait et des sentiments qu'on a inspirés.

Brignoles se réjouit du retour de M. Maitre, l'un de ses enfants bien-aimés. Son mérite et ses vertus semblaient rayonner comme une auréole autour de son front. Les pauvres surtout étaient heureux de son arrivée, car il était leur bienfaiteur. Tout semblait présager encore de longs jours à cet homme de bien. Il vivait entouré de l'estime publique, partageant son temps entre l'étude et les bonnes œuvres. Son esprit actif était incapable de repos. Il travaillait à des ouvrages d'enseignement, voulant ainsi consacrer à la jeunesse ses moments de loisir.

Naturellement obligeant, il était accessible à tous et accueillait avec bonté ceux qui allaient réclamer ses précieux conseils.

Son affection pour nous, nous avait attirés à Brignoles. Pendant un an nous avons vécu dans son intimité. Appelés à travailler avec lui, nous le voyions presque tous les jours. A nous donc de proclamer ces rares qualités d'esprit, cette bonté de cœur inépuisable, cette élévation de sentiments et cette profonde piété qui semblaient grandir de jour en jour. Nous sentions augmenter à chaque instant notre vénération pour notre respectable ami. Il était heureux de nos succès; nous étions fiers de son approbation et de l'affection qu'il nous témoignait. Hélas! nous ne pensions pas le perdre sitôt! Une maladie cruelle allait l'enlever à l'affection de sa famille et de ses nombreux amis. Nous nous faisions un devoir de le visiter tous les jours; mais tout en reconnaissant la gravité de son mal, nous étions loin de croire que ce cher malade touchait au terme de sa carrière.

Vers la fin de juillet, ayant terminé ensemble un travail important et qui l'avait fort occupé, nous le suppliâmes de tout abandonner pour soigner sa santé. Mais hélas! il était trop tard; le mal faisait des progrès effrayants. Nous espérions toujours qu'une crise favorable se déclarerait, mais ce fut en vain que les secours de l'art et les soins affectueux de sa famille et de ses amis lui furent prodigués. Dieu l'avait trouvé mûr pour l'éternité; il allait appeler à lui celui qui avait tout fait en vue de lui sur la terre.

La participation aux sacrements de l'Église était pour notre respectable ami une pratique de presque tous les jours. Toutefois, malgré la sainteté de sa vie, ce n'était pas sans une certaine frayeur qu'il pensait aux rigueurs de la justice divine.

Peu de temps avant sa mort, il recevait la lettre suivante d'un de ses anciens élèves, aujourd'hui à la Grande-Chartreuse :

« En qualité de mon bienfaiteur, je suis autorisé par le Père « Général à vous faire participer aux bonnes œuvres de la com-« munauté. »

M. Maître lui répondit :

« Puisse cette participation m'aider à franchir le redoutable pas-« sage de l'éternité, que mon état de maladie me fait entrevoir « dans un avenir très-prochain. »

Le 10 septembre 1862 , M. l'Archiprêtre de Brignoles, son ami, lui administra les derniers sacrements. Nous ne quittâmes plus, mon frère et moi, le chevet de celui que nous affectionnions comme un père. Ce fut dans la matinée du 15 qu'il rendit sa belle âme à Dieu, et alla jouir de l'ineffable bonheur après lequel il avait soupiré toute sa vie.

Puissent les regrets unanimes qui l'ont accompagné à sa dernière demeure apporter quelque soulagement à la profonde et légitime douleur de sa sœur et de sa fille d'adoption.

DISCOURS

PRONONCÉ

SUR LA TOMBE DE M. MAITRE

par l'Auteur de la Notice biographique.

Élève et ami de l'homme à jamais regrettable dont nous entourons la dépouille mortelle, je dois à ce double titre la douloureuse mission de lui adresser un éternel adieu.

La ville de Brignoles perd dans M. Maitre un de ses enfants les plus aimés, comme l'Université un de ses membres les plus éminents.

Doué d'une remarquable aptitude pour l'enseignement, celui que nous pleurons joignait à des qualités rares, une simplicité et une facilité de manières pleines de charmes, une parole calme et souriante, qu'il savait rendre au besoin sévère et imposante, une bonté de cœur qui se révélait dans les traits de son noble visage et lui conciliait d'avance les sympathies de tous.

Modeste instituteur, M. Maitre sut s'élever par son propre mérite aux postes distingués qu'il occupa dans la suite. Son zèle infatigable et l'aménité de son caractère lui ont toujours attiré l'affection de ses subordonnés et l'estime de ses supérieurs.

Comme auteur, M. Maitre est peut-être celui qui est arrivé le plus directement au but que doit se proposer l'éducateur de la jeunesse. Ses ouvrages portent un cachet de clarté et de simplicité, qui les mettent à la portée de la plus tendre enfance; aussi ses règles, rendues quelquefois amusantes par des procédés dont lui seul connaissait le secret, se gravent dans les jeunes intelligences sans effort et presque sans travail.

Sa méthode de lecture seule suffirait pour le placer au premier rang parmi les hommes qui ont le plus contribué à l'amélioration de l'instruction primaire.

Appelé à Paris, en 1829, par M. le Ministre de l'Instruction publique, pour y faire l'application de sa nouvelle méthode, M. Maitre remporta tous les suffrages comme il les avait obtenus à Aix et à Marseille, et le Conseil royal de l'Instruction publique, déclara la méthode de lecture de M. Maitre, préférable à toutes celles qui avaient paru jusqu'alors.

Nommé en 1835, Inspecteur des écoles du département du Var, M. Maitre donna une vive impulsion à l'enseignement primaire dans ce département. Il fut successivement nommé officier d'Académie et directeur de l'École normale de Brignoles, où il se fit remarquer par son habile administration.

En 1842 ; il fut appelé à la direction de l'École normale de Montpellier, qui devint bientôt l'une des premières de France.

Après douze ans d'une intelligente administration, M. Maitre obtint du Conseil général de l'Hérault, de faire construire, avec le fruit des importantes économies qu'il avait réalisées au bénéfice du département, le magnifique local où est installée aujourd'hui l'École normale de Montpellier. Ce beau résultat grandit encore M. Maitre dans l'estime du Conseil général, qui vota plus tard à l'honorable directeur une pension de retraite.

Le gouvernement, toujours prêt à récompenser le mérite et le zèle de ses fonctionnaires, n'oublia pas M. Maitre, et bientôt la croix de la Légion d'Honneur vint briller sur la poitrine de cet homme de bien. Il fut nommé, peu de temps après, officier de l'Université, dont il porte aujourd'hui les insignes pour la première fois.

Il y a un an et demi à peine, M. Maitre sentant le besoin du repos, se retirait à Brignoles sa ville natale, qu'il affectionnait tant et qui était heureuse de le posséder. Il y jouissait des douceurs de la retraite, partageant son temps entre l'étude et les bonnes œuvres. Toujours plein de cette bonté qui a été le caractère dominant de sa vie, il était accessible à tous et distribuait à ceux qui venaient les réclamer, les précieux conseils de sa sagesse et de son expérience.

C'est au milieu de ces nobles soins, qu'une maladie cruelle est venue l'enlever à l'amour de sa famille et à l'affection de ses amis.

Hélas ! nous ne croyions pas devoir sitôt accompagner sa dépouille mortelle à sa dernière demeure. Mais avant que la terre recouvre vos restes vénérés, recevez, mon excellent ami, nos éternels adieux.

Adieu au nom de votre famille, brisée par la douleur ; adieu au nom du département de l'Hérault et de la ville de Montpellier ; adieu au nom de vos nombreux élèves qui vous affectionnaient tous comme un père ; adieu au nom de la ville de Brignoles toute entière dans laquelle vous ne comptiez que des amis ; adieu au nom de ma famille ; adieu, ou plutôt au revoir dans l'éternité, où votre belle âme repose déjà dans le sein de Dieu !

www.ingramcontent.com/pod-product-compliance
Lightning Source LLC
Chambersburg PA
CBHW061444050726
47593CB00004B/1463